SŒUR MARIE-AIMÉE DE JÉSUS, NÉE CURTET

1845-1886.

REQUIESCAT IN PACE !

———

Mes bien chères Sœurs,

« Marie a choisi la meilleure part. »

Cette parole de Notre Seigneur a trouvé son accomplissement dans notre très chère et regrettée Sœur Marie-Aimée de Jésus. Renonçant à tous les avantages humains, elle a choisi cette « *meilleure part* » qui, après avoir fait sa consolation ici-bas, fait maintenant au ciel, nous en avons la confiance, son éternelle félicité. Un ardent amour pour le Sacré-Cœur de Jésus, une intime union avec Dieu, telle fut la vie de cette âme aimante et généreuse.

I. — Elle naquit à Aiguebelle, Savoie, le 29 mars 1845, et reçut au baptême le nom de Marie-Clotilde. Son père, M. Joseph Curtet, était juge de paix à Chambéry, et sa mère Mme Zélie-Joséphine Veyrat, était nièce de notre vénérée Mère Marie-Félicité. Marie-Clotilde était l'aînée de deux frères et de deux sœurs, dont la cadette est religieuse de la Visitation d'Annecy.

Madame Curtet, qui était une ancienne élève de notre pensionnat, confia l'éducation de ses filles à nos sœurs de l'Externat. La jeune Marie-Clotilde se montra d'abord avec les défauts de son âge et une ténacité de volonté qui ne fut pas un petit exercice de patience pour ses maîtresses. Sa nature hautaine, son esprit d'indépendance, l'impétuosité de son caractère, en firent une élève des plus difficiles. Nature ardente et toute de feu, elle s'enflammait au plus petit choc. Nul n'aurait pu prévoir alors ce que la grâce, aidée d'une volonté ferme et généreuse, opèrerait dans cette âme.

A l'époque de sa première communion, à laquelle elle fut préparée par M. l'abbé Jacquemet, alors aumônier de la Communauté, elle fit sur elle-même des efforts qui lui coûtèrent beaucoup ; néanmoins, l'amélioration fut peu sensible. Il faut avouer que son tempérament y était pour beaucoup : peu à peu, sa santé se fortifia, et la raison croissant avec l'âge, notre jeune élève comprit la nécessité de travailler efficacement sur son caractère. Sa constance à se vaincre et son assiduité à la prière lui attirèrent des grâces spéciales. Notre Seigneur ne tarda pas à se faire sentir à son cœur en l'inclinant à la piété. Tournant alors toute la force de sa volonté au combat de ses passions, elle fit des progrès rapides et bientôt elle n'eut plus qu'une pensée, celle de se consacrer à Dieu sans partage et pour toujours.

Devenue Enfant de Marie de Saint Joseph, elle fut élue présidente de la Congrégation et s'acquitta de sa mission à la satisfaction de tous les membres de la petite Société ; chacune avait pour elle une affection pleine d'estime.

C'était vers la maison de Dieu que tendaient tous les désirs de Mlle Curtet. La demande qu'elle en fit à ses parents n'ayant pas été accueillie, elle tenta de passer outre ; mais à peine avait-elle franchi le seuil de notre Communauté, que M. son père la réclama ; elle dut céder à sa volonté et attendre que sa vingt-unième année fût accomplie. Au mois de mars 1866, ses vœux furent comblés : elle entrait au noviciat et commençait, pleine de courage, l'essai de sa nouvelle vie. Notre Seigneur répandait dans son âme la douce joie de sa divine présence, qui lui faisait accepter les premiers sacrifices de la vie religieuse avec une grande ferveur. Le 2 juillet 1866, elle déposait joyeusement les livrées du monde et recevait des mains de Son Eminence le Cardinal Billiet, l'humble habit des filles de Saint-

Joseph. Les prédilections du divin Sauveur pour cette âme généreuse lu¡
firent donner le nom de Sœur Marie-Aimée de Jésus.

II. — Elle comprit ce qu'exigeait d'elle la vie de sacrifices qu'elle
embrassait, et les libéralités de l'amour divin à son égard allumèrent
dans son âme un grand désir de s'immoler tout entière à son divin Époux.
Elle se regarda comme une victime d'expiation et ne songea qu'à se
mortifier en multipliant les pénitences corporelles.

Cependant, sa santé toujours faible et chancelante ne résista pas longtemps, et malgré son courage à se vaincre, notre chère novice dut se
résoudre à sacrifier ses goûts de pénitence pour suivre l'obéissance. Elle
s'attacha à ce nouveau renoncement, cherchant à anéantir sa propre
volonté pour ne suivre que celle de ses Supérieures. Son noviciat s'écoula
parmi les sacrifices de tout genre que lui imposa son état maladif. En vain
cherchait-elle à surmonter, par la ferveur de l'esprit, sa faiblesse crois-
sante ; il fallait céder à l'impuissance et accepter cet état d'anéantissement
où elle se trouvait réduite.

Le 16 juillet 1868, elle fit ses premiers vœux, et le 2 juillet 1870, elle
consommait son sacrifice par l'émission des vœux perpétuels et la sainte
profession. Sa résolution alors fut d'accepter toutes espèces de souffrances
morales et physiques, et de les sanctifier par l'offrande journalière qu'elle
en ferait à Notre Seigneur. « Pour m'en rendre la pratique plus facile,
écrivait-elle, je me redirai souvent cette parole du divin Maître : « *Renon-
cez-vous vous-même, prenez votre croix et suivez-moi.* » Je me propose
aussi de ne jamais chercher ma propre volonté, mais de l'immoler en toute
occasion à celle de Dieu ; d'être indifférente pour toutes les dispositions
que mes Supérieures prendront à mon égard, ne laissant rien paraître de
mes répugnances : « *Mon Père, votre volonté et non la mienne.* »

Il fallait un aliment à ce cœur sensible et affectueux ; cet aliment, ce
fut l'amour du Cœur de Jésus, qui fut toujours le centre de sa dévotion :
« Tout pour contenter le Cœur de Jésus ! O mon âme, enfonce-toi dans le
Cœur de ton Dieu ! » Pour y arriver, notre jeune Sœur s'attacha à l'esprit
de prière et d'oraison, oraison toute d'amour, de confiance, de paix,

d'union à Jésus « son unique Bien-Aimé, qui s'était, disait-elle, quelque peu découvert à son âme. » Afin d'entretenir ce feu sacré de la sainte oraison, notre chère Sœur s'appliquait à l'abnégation d'elle-même, à la mortification de la volonté, à la fidélité aux petites choses. « Cette fidélité, disait-elle, contribue beaucoup à briser la propre volonté, et cette dépendance de tous les instants tient l'âme entièrement soumise à Dieu. Je tendrai à une union intime avec Notre Seigneur dans le très Saint-Sacrement de l'autel; j'offrirai souvent à Dieu le Cœur de Jésus pour suppléer aux dispositions de mon cœur et de mes œuvres. O mon Dieu, quand arriverai-je à la pureté de votre amour! O Jésus, que votre vie soit la mienne: *aimer, travailler, prier* et *souffrir.*! »

Notre jeune professe avait été employée au Pensionnat comme maîtresse de travail, son peu de santé ne lui permettant pas de se livrer à l'enseignement. Elle avait un talent particulier pour tous les genres de travaux manuels.

III. — En 1875, le Noviciat de première année ayant été transféré à notre maison de campagne à Bellecombette, elle en fut la première Supérieure. Sa nomination est du 15 août, fête de l'Assomption de la glorieuse Vierge. Notre vénérée Mère Marie-Félicité l'initia elle-même à son nouvel emploi et lui traça la marche à suivre. Notre chère Sœur sentit toute la responsabilité qui allait peser sur elle, et comprit que pour faire du bien aux jeunes âmes qui allaient lui être confiées, il fallait tout d'abord se sanctifier elle-même de plus en plus. Déjà elle avait fait de généreux sacrifices en immolant l'orgueil et la fierté naturelle de son caractère ; mais comprenant que c'est là un ennemi qui ne meurt point entièrement, elle lui livra de nouveaux combats et résolut de ne se rien pardonner à cet égard. Humilité, mortification : telles furent les deux résolutions de sa retraite de 1875. « Chaque fois que j'aurai manqué d'humilité, je me prosternerai la face contre terre, méditant ma bassesse et mon néant, désirant d'être foulée aux pieds ou jetée à la voirie. Si j'ai offensé une de mes Sœurs, je lui en ferai mes excuses à genoux. Je ferai régulièrement les mortifications et pénitences qui me sont permises ; je tâcherai d'interrompre un travail que je désirerais achever, et cela dans le seul but de me mortifier, ou pour me livrer à la prière. »

Relativement à son emploi, elle s'attacha, selon l'expression de notre vénérée Mère, à être plus *Mère* que *Supérieure*. Aussi, elle fut aimée et put faire du bien autour d'elle, en dilatant les cœurs et les portant à faire généreusement les premiers sacrifices de la vie religieuse. Plusieurs lui durent leur persévérance dans leur sainte vocation.

Dieu qui la préparait à une mission plus spéciale, lui donnait des désirs de plus en plus pressants de travailler à sa perfection. Chaque année marquait de nouveaux progrès dans l'amour de Notre Seigneur et la dévotion envers son Sacré-Cœur. « Le Cœur de Jésus sera mon asile et la source où je puiserai force, patience, constance. Je me sens un si grand désir de pénitence et d'humiliation, que je ne sais discerner si cela vient de Dieu ou si c'est une illusion du démon. Je ne puis énumérer toutes les inventions qui me passent par l'esprit pour me mortifier..... Je résiste avec peine ; je souffre de ce combat de l'obéissance contre un besoin, un attrait si impérieux ; mais l'obéissance l'emportera ; ma résolution est d'obéir. Vous agréerez, Seigneur, mes désirs de pénitence et vous bénirez mon obéissance. » Elle écrivait encore ailleurs : « Jusqu'à ce moment, en acceptant volontiers la souffrance, j'en ai cependant rarement témoigné à Dieu ma reconnaissance. Désormais je le ferai, puisque je reconnais une grâce, une faveur précieuse dans chaque souffrance ; d'ailleurs, j'y trouve de la paix et même de la joie. Je tâche de me tenir dans une sainte indifférence quant aux moyens dont Dieu voudra se servir pour me faire arriver à ma fin. Il me semble même que je désirerais que ces moyens fussent les plus durs et les plus pénibles à la nature, parce qu'ils me rendraient plus conforme à Notre Seigneur. »

Afin de se renouveler dans l'esprit de ferveur et pour ne point perdre de vue « *l'unique nécessaire* », comme elle l'appelait, d'après l'Evangile, elle prenait un jour chaque mois pour être « *Seule avec Dieu seul* », revoir son âme aux pieds de Notre Seigneur, et s'affermir dans la résolution de ne vivre que pour lui.

IV. - Mais l'heure approchait où notre chère Sœur Aimée de Jésus allait nous quitter pour porter ailleurs les flammes de son zèle. Nos Sœurs de Rome, qui, en 1876, avaient adopté nos Constitutions et qui formaient dès lors une province dépendante de la Maison-Mère de Chambéry, avaient eu pour première Provinciale notre bien chère Sœur Marie-Xavier, née Gannat, de Cusset (Allier). Après une année d'exercice de sa charge, elle avait dû revenir en France pour sa santé. Nous n'eûmes pas la consolation de la voir se rétablir : au mois d'août 1877, elle allait recevoir la récompense de ses vertus.

La Province romaine se trouvait sans Supérieure : notre vénérée Mère Marie-Félicité, de l'avis de son Conseil, choisit Sœur Marie-Aimée de Jésus pour remplir cette charge, et le 2 octobre 1877, elle l'emmenait à Rome.

La nouvelle Provinciale venait de faire sa retraite, et nous trouvons dans ses écrits les notes suivantes : « Depuis quelque temps, Dieu me tient dans une disposition d'amour, de soumission, d'abandon à sa divine volonté. Je vois sans trouble l'immense sacrifice que Dieu me demande et je suis prête à tout accepter. Cependant, ma nature frémit à la vue de ce qui m'attend.. .. Et puis, vertus, talents, santé, tout me manque..... Mais Jésus, Marie, la Croix..... C'est assez !... Depuis quelques jours, je désirais faire un sacrifice à Dieu... Il me l'offre en ce moment... Je ne le refuserai pas ; la volonté de mon Dieu est devenue la mienne ; je ne vis que par elle et ne veux vivre que pour l'accomplir... Puissé-je, ô mon Dieu, brûler de votre amour et me consumer pour votre gloire et pour le bien des âmes que vous daignez me confier. Je n'ai pas d'autre désir, ô mon Sauveur. Faites-moi la grâce de vous être fidèle, de m'oublier moi-même, de me sacrifier tous les jours. Que mon cœur soit couronné d'épines, comme le vôtre ; que le sang en jaillisse de toutes parts, qu'il soit abreuvé d'amertume ; toute ressemblance avec vous m'est chère, ô le Bien-Aimé de mon âme !... Encore quelques jours, et la plus cruelle de toutes les séparations... Ma Mère... Mes Sœurs !... Mon cœur est brisé !... Je vous offre ce sacrifice, ô Jésus, en union avec le vôtre sur l'arbre de la Croix ; je vous l'offre pour la plus grande gloire de Dieu, pour le salut de ceux que j'aime... »

Notre vénérée Mère passa deux mois à Rome pour faire la visite de la Province et installer la nouvelle Provinciale. Elle eut la consolation de la présenter à Sa Sainteté le Pape Pie IX, de recevoir sa bénédiction et ses paternels encouragements. Puis elle quittait Rome à la fin de novembre, et ce fut à ce moment surtout que la séparation se fit plus vivement sentir. Mais notre chère Sœur avait appris auprès de notre vénérée Mère à combattre avec énergie les défaillances du cœur, et à élever son courage au-dessus des circonstances les plus pénibles. La générosité de son sacrifice attira les bénédictions divines sur ses travaux. Elle comptait avec raison sur le secours de Dieu qui ne lui manqua jamais, ainsi que sur les lumières des vénérés Prélats que les Souverains Pontifes déléguèrent auprès d'elle pour la diriger dans ses œuvres : Son Eminence le Cardinal Franchi, premier Protecteur de notre Institut, qui encouragea ses débuts à son arrivée à Rome, et que la mort moissonna si tôt après ; Son Eminence le Cardinal Howard, notre illustre Protecteur, toujours si bienveillant pour notre Congrégation qu'il connaît depuis de longues années, et à laquelle il n'a cessé de porter le plus vif intérêt ; Msr Lenti, archevêque de Sida, vice-gérant de Rome, qui fut longtemps Supérieur de la Communauté de nos Sœurs, dont il protège et encourage les écoles ; Msr Van den Branden de Reeth, évêque d'Erythrée, qui appréciait beaucoup notre chère Provinciale et qui est si paternellement dévoué à notre humble Institut. Sous la douce influence des bénédictions des Souverains Pontifes et de celles de tant d'éminents Prélats, la nouvelle Supérieure se mit courageusement à l'œuvre.

Sa bonté, sa patience, sa douce fermeté lui gagnaient les cœurs ; elle conservait en toute occasion un calme admirable et une parfaite égalité d'humeur. Elle accueillait ses Sœurs avec une maternelle tendresse, les consolait dans leurs peines, les encourageait à la pratique des vertus, animait leur zèle pour leur propre perfection et pour le salut des enfants confiées à leurs soins. Se souvenant du conseil de notre vénérée Mère, elle continuait à être plus Mère que Supérieure : volontiers elle s'humiliait devant ses Sœurs, les servait, était attentive à leurs besoins, se dépouillait elle-même des objets à son usage, soit en vêtements, soit en tout autre chose, pour les donner à ses filles. Elle veillait au soin de leur santé, était pleine d'une tendre sollicitude pour les malades, auxquelles elle rendait toutes sortes de services. C'était dans le

Cœur de Jésus qu'elle puisait cette charité tendre et ingénieuse. L'amour divin, qui enflammait cette âme, la poussait vers ce qu'il y a de plus parfait ; le 28 juin 1878, fête du Sacré-Cœur, elle écrivait :

« Depuis bien longtemps, il me semble que le Cœur adorable de Jésus demande de moi un sacrifice plus complet de tout moi-même ; que je lui sois véritablement une victime d'expiation, d'anéantissement et d'amour ; il me demande de m'élever en toute occasion à la pratique de ce que je connaîtrai être plus parfait. Jusqu'à ce moment j'ai été lâche et infidèle ; ce renoncement, cette abnégation continuelle m'effrayait et je n'avais pas le courage de le promettre à Notre Seigneur. Aujourd'hui le Cœur de Jésus a vaincu, et avec la permission de mon confesseur, je lui en ai fait la promesse écrite de mon sang, et je la renouvellerai chaque premier vendredi du mois. »

Voici cette promesse :

« Mon Dieu, mon Créateur et mon Tout, prosternée devant votre divine Majesté, je m'offre, me donne et me consacre tout entière à la gloire et à l'amour de l'adorable Cœur de mon Jésus dont je veux être désormais la victime, hélas trop indigne! Victime *d'amour*, victime de *réparation*, victime *d'anéantissement*. Cœur adorable de mon Jésus, acceptez cette offrande en union de la vôtre sur l'arbre de la croix et au très Saint-Sacrement de l'autel, ainsi que la résolution et la promesse que je vous fais en ce moment de faire en tout et toujours ce que je connaîtrai être plus parfait. Trinité adorable, Cœur Sacré de mon Jésus, Epoux Bien-Aimé de mon âme, Marie ma Mère, Saint-Joseph mon Père, obtenez-moi la fidélité à ces résolutions et bénissez-les s'il vous plaît ! »

Cette même année 1878, elle fit sa retraite à la Maison-Mère. Jetant alors un regard sur l'année écoulée, elle déplorait ses infidélités et recourait de nouveau à la divine miséricorde. « Mes infidélités sont sans nombre et la mesure de mon iniquité est sans mesure !... Je me jette à vos pieds, ô mon Dieu, et le front dans la poussière, humiliée et confondue, je vous demande miséricorde !... L'avenir m'effraie... Seigneur, que ferai-je ?... A l'exemple de Jésus je dois porter ma croix... O mon âme, regarde amoureusement cette croix et accepte-la courageusement. Tout par amour : amour pour Jésus, amour pour mes Sœurs. Ici-bas, *souffrir, prier, travailler, aimer*. Au ciel, *aimer* et *jouir!* Je renouvelle ma résolution de l'année dernière : union intime avec Dieu par la prière continuelle, prière humble et persévérante ; je ne puis rien ; mais Dieu peut tout. Avant chaque action, élever mon cœur vers Dieu pour lui demander *grâce, force, sagesse*. Ma principale pénitence sera la *vie commune*, la *régularité ;* y tenir fortement pour moi et pour les autres. »

Elle y tint en effet, car, malgré l'extrême délicatesse de sa santé, elle suivait tous les exercices de Communauté, et si le temps lui manquait pour accomplir tous les devoirs de sa charge, elle prenait sur la nuit pour s'en acquitter.

Celles d'entre nous qui ont fait le voyage de Rome pendant qu'elle y a été Supérieure, n'oublieront jamais l'accueil plein d'amabilité qu'elles y ont reçu, son ingénieuse délicatesse à leur procurer tout ce qui pouvait leur être agréable dans la visite des monuments sacrés. Bien que le personnel de sa Maison fut très restreint, et que chacune fut surchargée dans son emploi, elle trouvait le moyen de détacher une Sœur pour en faire le guide de ces pieux pèlerinages. Si les courses étaient longues, elle voulait qu'elles se fissent en voiture. Pour elle, tout exténuée qu'elle était, elle allait presque toujours à pied, par esprit de pauvreté. C'était dans le même esprit qu'elle ne demeurait jamais oisive : toujours on la voyait un ouvrage à la main.

V. — Mais il est temps d'en venir à ses œuvres et de voir combien elle a travaillé au bien de sa province et à son développement.

A son arrivée à Rome, la province se composait de quatre maisons : Rome, Albano, Veroli et Ceprano. Actuellement elle en compte dix.

Dès 1878, la nouvelle Provinciale avait la joie d'abriter sous le manteau de la Très Sainte Vierge un essaim de ses filles : M. le chanoine Cesare Boccanera, curé de Sainte-Marie Majeure, voulant établir dans sa paroisse une institution dirigée par des religieuses, céda sa maison à nos Sœurs pour y tenir un pensionnat et un externat, qui compte de nombreuses élèves. Les Sœurs sont aussi chargées de faire le catéchisme aux mères de familles et aux jeunes filles de la paroisse.

La même année, le marquis Ferrari, qui déjà avait appelé nos Sœurs à Ceprano pour y tenir l'école des filles, fonda dans la même ville un hôpital pour les malades et un hospice de vieillards, dont il confia la direction à nos Sœurs.

L'année suivante, 1879, un orphelinat de jeunes garçons connu sous le nom d'Œuvre des petits artisans de Saint-Joseph, s'ouvrait à Rome, au Borgo S. Spirito, avec les bénédictions de Sa Sainteté Léon XIII, et sous le patronage d'un Comité de catholiques. On fit appel au dévouement de nos Sœurs pour le soin des malades, de la lingerie et du ménage. En 1885, des modifications introduites dans cet établissement obligèrent nos Sœurs à se retirer provisoirement.

A la fin de 1879, un établissement fut ouvert à Pise et compte un nombre considérable d'élèves appartenant aux meilleures familles de la ville. L'intérêt si paternel et si bienveillant que Sa Grandeur Monseigneur Capponi, Archevêque de Pise, porte à cette œuvre, donne de grandes espérances de la voir prospérer et grandir.

Vers le même temps, notre chère Provinciale ouvrait, avec le concours des comités catholiques, une salle d'asile dans sa maison de Via Maurina.

En 1885, elle envoyait des Sœurs à Ceccano, au diocèse de Ferentino, pour prendre possession d'un pensionnat. Cet établissement est dû à la bienveillance de Madame Bossi, veuve de M. Canturio.

L'année dernière, une école fut ouverte à Saint-Julien, petite ville thermale, peu distante de Pise, dans une des positions les plus pittoresques de la Toscane. Cet établissement pourra, avec le temps, prendre de l'importance.

Enfin, au mois d'octobre, notre chère Sœur Aimée de Jésus ouvrait un nouveau pensionnat à Rome, situé à Ripetta, au bord du Tibre. Dans le même local, qui est très spacieux, on a ouvert un Externat et une salle d'asile.

Ces deux derniers établissements sont dus à la générosité de bienfaiteurs que leur modestie en permet pas de nommer ; ils sont assez connus à Rome par leur dévouement au Saint Siège et aux Communautés religieuses.

Mais une pensée préoccupait la chère Provinciale : la municipalité de Rome avait tracé un plan pour l'alignement des rues de la ville, et d'après ce plan, la maison de Via Maurina devait être rasée. Il fallait à tout prix se préparer une habitation. De longues et persévérantes recherches étaient restées sans résultat ; il est très difficile de trouver un local approprié à un

Institut enseignant, et entreprendre une construction, effrayait la Supérieure et les sœurs. Il fallut pourtant s'y résoudre : en mars 1886, l'Institut fit l'acquisition d'un terrain situé Via San-Nicola de Tolentino, entre l'ancienne et la nouvelle Rome. La position est belle, l'air salubre, et le vœu des deux papes Pie IX et Léon XIII, était de voir s'ouvrir dans ce quartier un Institut religieux pour l'instruction des enfants.

Le plan de la maison fut fait par MM. Busiri, et la première pierre fut posée le 18 mai 1886, par Son Eminence le Cardinal Parocchi, Vicaire de Sa Sainteté, si bienveillant pour notre Cougrégation.

VI. — Notre chère Sœur ne s'occupait pas seulement de procurer à sa province un développement matériel ; son principal soin était de faire régner dans ses maisons l'observance régulière. Pour cela, elle faisait exactement la visite de ses Communautés, prenait connaissance de toutes choses, et faisait ensuite part de ses inquiétudes à notre vénérée Mère, qui lui répondait : « ..... Des misères, ma chère fille, il y en aura toujours ; Soyez donc contente de la manière dont vont les choses. Et pour le surplus, patience confiance et courage ! Dieu qui est bien servi dans votre maison ne vous refusera pas votre pain de chaque jour. »

Elle désirait vivement faire traduire et imprimer en italien nos Saintes Constitutions pour l'usage de sa province. Le travail fut commencé, mais Dieu ne lui laissa pas le temps de le voir s'achever.

Elle fit traduire en italien et imprimer l'année dernière la notice biographique de notre vénérée Mère Marie-Félicité, que nous devons au dévouement de M. l'abbé Bouchage, Aumônier de notre Maison-Mère. Elle y ajouta les principaux traits de sa vie intime, extraits de la circulaire funèbre adressée à nos Communautés. La traduction est due à l'obligeance du R. P. Ermelini de la Compagnie de Jésus.

Cette chère Sœur jouissait à Rome de l'estime et de la considération de toutes les personnes, tant ecclésiastiques que laïques, avec qui elle avaitdes rapports. Elle laisse dans toute sa province les meilleurs souvenirs.

Cependant sa santé s'affaiblissait de plus en plus ; la mort de notre vénérée Mère fut pour elle un coup qui acheva de la briser. A l'époque de sa dernière retraite, qu'elle fit à la Maison-Mère du 1er au 8 septembre 1885, elle écrivait les aspirations suivantes : « O Jésus, qui vous êtes fait sentir si délicieusement à ma pauvre âme, ô ma vie et mon trésor, je veux vous posséder ! Qu'il me soit permis, ô mon unique Bien, de soupirer sans cesse après votre amour. Que bien vite vienne pour moi l'heure de la délivrance, de l'union parfaite avec vous ! De grâce, ô Jésus, hâtez, je vous en supplie, vos coups et vos blessures ! Que votre main divine achève au plus tôt son œuvre de destruction et de sanctification. »

Ses ardents désirs ne devaient pas tarder beaucoup à s'accomplir : quatorze mois la séparaient de son éternité.

VII — Nous laissons maintenant nos chères Sœurs de Rome exprimer leurs regrets. Voici ce qu'elles nous écrivent :

« Durant les neuf ans que nous eûmes le bonheur de posséder notre bonne Mère comme Supérieure Provinciale, sa vie ne fut qu'un exercice constant des plus solides vertus. Diverses circonstances nous ont révélé tout ce que cette âme vraiment grande, renfermait d'esprit de foi, de confiance en Dieu, de générosité, de charité, de douceur, d'abnégation. Malgré sa frêle santé, nous l'avons vue se livrer à tous les devoirs de sa charge avec un courage qui ne se démentit jamais : chez elle, les forces morales suppléaient aux forces physiques ; l'obéissance seule pouvait mettre des bornes à son dévouement. Sa charité la rendait accessible à tous ; à l'exemple de l'Apôtre, notre bien-aimée Mère se faisait tout à tous pour les gagner tous à Jésus-Christ.

« Quel cœur grand et bon, tendre et affectueux ! Elle avait pour toutes ses filles des entrailles de Mère ; chacune sentait qu'il y avait pour elle une large place dans ce cœur maternel. Ce n'était jamais en vain qu'on allait puiser dans le trésor de sa tendre charité ; l'esprit de Dieu qui l'animait lui dictait toujours un conseil, un avis adapté aux besoins de l'âme qui recourait à elle. Dieu lui avait donné une main à la fois douce et ferme pour panser les plaies sans jamais les aigrir. Sa parole était persuasive parce qu'elle était accompagnée de l'exemple : jamais elle n'exigeait rien de pénible sans en avoir elle-même fait l'expérience. La prudence dirigeait toutes ses démarches.

« Sa parfaite résignation à la volonté de Dieu, la paix inaltérable de son âme qui se reflétait sur son visage, nous donnait une idée de son esprit d'abnégation, de son union avec Dieu. Celles de nos Sœurs qui ont traité plus intimément avec elle et qui l'ont mieux connue, pourraient en dire bien des choses !... O mon Dieu, si nous ne savions pas que vous n'avez besoin de personne, que les créatures ne sont que des instruments entre vos mains, qui pourrait se consoler de la perte que nous venons de faire !...

« Nous avions en notre digne et regrettée Mère un vrai type des vertus religieuses : son esprit de pauvreté la rendait excessivement soigneuse à n'avoir à son usage que le strict nécessaire. Elle ne se contentait pas des souffrances continuelles que la Providence lui ménageait, il fallait à son âme avide de mortification, des pénitences volontaires : instruments de pénitence, cilice, disciplines sanglantes et fréquentes, et cela presque jusqu'à la fin !...

« Pendant ces dernières années surtout, Dieu s'est plu à crucifier cette âme, qui lui était si chère : depuis l'annonce d'expropriation que l'on supposait devoir s'exécuter bientôt, que de soucis, que d'embarras pour notre chère Mère !... « Combien je voudrais pouvoir donner une maison à mes filles avant de mourir, disait-elle. » Et lorsque après des difficultés sans nombre, elle eut fait commencer une construction, et qu'elle se trouvait dans une extrême pénurie de ressources, elle prenait les moyens que lui suggérait la prudence, mettait toute sa confiance en Dieu et restait calme. Jamais on ne l'entendit proférer une parole qui trahit le découragement ou l'inquiétude. A ce sujet, elle disait confidemment à une Sœur : « Je m'étonne moi-même de la profonde paix dont je jouis au milieu de tant de difficultés. Quand je pense à toutes nos dettes, à tous nos embarras financiers, je me demande : comment ferons-nous ? .. Quelquefois une larme coule, mais je n'ai jamais un moment de découragement. Ayons confiance en Dieu, il viendra à notre aide. »

« Nous remarquions avec anxiété que depuis quelque temps notre bonne Mère s'affaiblissait de plus en plus ; une forte fièvre rhumatismale étant survenue, l'obligea de se mettre au lit vers la fin d'octobre. Après deux semaines de souffrances très vives, le médecin reconnut qu'elle était atteinte d'une hydrocéphale. Le dimanche 7 novembre, vers les dix heures du matin, elle reçut la sainte Eucharistie ; le soir du même jour, on lui administra l'Extrême-Onction, puis elle perdit avec la connaissance, l'usage de la parole. On s'apercevait seulement qu'elle était en proie à de grandes souffrances ; mais elle n'avait pas le sentiment de ses douleurs. Le mercredi 10 novembre, vers les trois heures de l'après-midi elle entrait en agonie, et le soir à neuf heures et quart, notre bien-aimée Mère s'envolait dans le sein de Dieu.

« Sa maladie et sa mort ont été l'écho de sa vie. Quelle patience dans ses douleurs ! Sa bouche ne s'ouvrait que pour la prière : « Mon Jésus, aidez-moi ! Mon Dieu, ayez pitié de moi !... » Elle obéissait au médecin et aux infirmières avec tant de soumission, qu'on voyait bien qu'il n'y avait plus en elle de volonté propre. Il y avait longtemps qu'elle ne vivait plus, mais que Jésus vivait en elle. »

Tel est le témoignage que nos Sœurs de Rome rendent à la mémoire de leur regrettée Mère. Ce qu'elles ne nous ont point dit, c'est leur affectueux dévouement, leurs soins si pleins de délicatesse et de charité pour leur chère malade. Nous en avons été profondément touchée, et nous leur en renouvelons encore une fois nos plus sincères et cordials remerciments ; leur piété filiale est allée jusqu'aux dernières limites !...

Pour nous, en partageant leur deuil et leur douleur, nous nous associons à leurs espérances, et nous aimons à redire cette parole du Sauveur : « *Marie a choisi la meilleure part ; elle ne lui sera point enlevée.* »

Recevez, mes bien chères Sœurs, l'expression de mon plus affectueux dévouement en Notre Seigneur.

Toute à vous,

Sœur MARIE-HYACINTHE,

Supérieure générale.

Chambéry, Maison-Mère, le 29 janvier 1887.

Imprimerie Chatelain, Avenue du Champ de Mars, 4, Chambéry.